Tijgerlezen is gelukkig (leren) lezen

www.jannekeschotveld.nl
www.georgienoverwater.nl
www.naarschoolmetquerido.nl
www.tijgerlezen.nl

Omslagillustratie Georgien Overwater
Vormgeving Irma Hornman, Studio Cursief

ISBN 978 90 451 2555 8 / NUR 287

Janneke Schotveld

Zepie

Met tekeningen van Georgien Overwater

Amsterdam · Antwerpen
Em. Querido's Uitgeverij
2021

Wasserette
Het ruime sop

1

In de Langestraat op nummer 94 woont
Zepie met zijn vader.
Zepie?
Wie heet er nou Zepie?
Nou, die jongen met die mooie ogen en die zwarte krullen die boven de wasserette woont.
Eigenlijk heet hij Zacharias. Maar iedereen noemt hem Zepie.
Ooit was zijn oppas ermee begonnen,
omdat hij altijd zo lekker rook.
En steeds meer mensen namen het over.
Zelfs zijn vader.
Tot Zepie zelf niet
beter wist dan
dat hij Zepie
heette.

De wasserette is van Zepies vader.
Je kent hem vast wel.
HET RUIME SOP staat er in mooie letters op de ruit.
En: ALTIJD OPEN! OOK OP ZONDAG!
GRATIS WIFI!
De meeste wasserettes zijn wit en saai.
Maar bij *Het ruime sop* ziet het er heel anders uit.
Er is een gele, een oranje, een paarse en een lichtblauwe muur.
In de etalage hangen gekleurde lampjes en vrolijke gordijnen.
Een oude wasmand is nu een bloempot met een mooie grote plant erin.
Niet alleen de wifi is gratis, de koffie ook!
Op een krukje ligt altijd een stapel handdoeken.
Netjes gewassen en gestreken natuurlijk, dat snap je.

Boven op die kleurige stapel zit vaak de kat. Sommige mensen vinden het niet fris, een kat in een wasserette.

Maar Biotex is de schoonste kat van de wereld.
Ze zit zich al-tijd te wassen.
Als dat niet schoon is!
Binnen ruikt het naar een frisse zomerdag.
Ook als het buiten regent.
Ja, kom maar binnen, hoor.
Altijd open! Ook op zondag!
Langs de ene muur staan tien fonkelnieuwe wasmachines. Fónkelnieuw.
Langs de andere muur staan er elf.
Zie je die grote wasmachine aan het eind, die uitsteekt boven de andere?
Die met dat geruite kleedje erbovenop.
En een ouderwetse regelknop met vier cijfers eromheen.
En, niet te missen: de ronde, gele sticker met DEFECT.
Dat is de wasmachine waar het allemaal mee begon.

De wasserette, veertig jaar geleden.
En dit verhaal, vorige week.

2

Het was de laatste ochtend voor de meivakantie.
Nog één dag naar school en dan twee weken vrij!
Zepie kleedde zich aan en hinkelde de huiskamer in.
'Pap, heb jij mijn andere sok gezien?
Die met aardbeien erop.'
Zepies vader stond al te strijken, hij had het hartstikke druk.
Het hotel om de hoek zat vol.
Het had elke dag schone handdoeken en lakens nodig.
Een stuk of duizend.
Papa schudde lachend zijn hoofd.
Hij zette de strijkbout op zijn kont.
Op de kont van de strijkbout dus, niet zijn eigen.

Er kwam stoom uit.
'Kun je nou niet één keertje twee dezelfde sokken bij elkaar houden?'
'Ze lopen weg!' riep Zepie. 'Ik weet het zeker.'
'Daar op de bank ligt een bananensok.'

Er lag overal wasgoed: op de bank, op de grond en zelfs op de tafel.
Een heel klein hoopje was van henzelf, de rest van het hotel.

Zepie plukte de bananensok uit hun eigen hoopje.
Aardbei en banaan pasten best bij elkaar, vond hij.
'Zepie?'
'Ja?'
'Ik heb het de komende weken hartstikke druk.'
'Weet ik.'
'Je mag een vriendje te logeren vragen in de vakantie,' stelde zijn vader voor.
'Of een vriendinnetje.'
'Pfff.'
'Nou, dat zou toch kunnen?'
'Nee, ieuw. Meisjes zijn stom.'
Vooral Milou, dacht Zepie.
Maar dat zei hij niet hardop.
Papa sloeg zijn lange armen om hem heen.
'Oma was toch ook niet stom.'

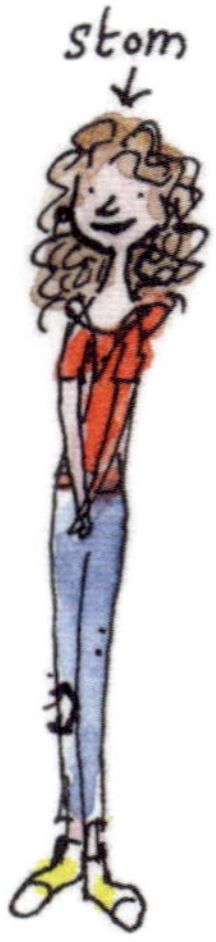

‘Oma was geen meisje,’ zei Zepie. ‘Oma was... oma.’

Vroeger ging hij ieder weekend naar haar toe.

En ook vaak in de vakanties.

Maar dat kon nu niet meer.

‘Ik mis oma,’ zei Zepie zacht.

‘Ik mis haar ook.’

‘Maar we hebben nu wel nieuwe wasmachines.’

‘Fonkelnieuw,’ fluisterde papa.
Oma zei altijd: ‘Zolang ze nog draaien hoeven er geen nieuwe te komen.’
Toen ze stierf kocht Zepies vader meteen twintig nieuwe wasmachines.
‘Fónkelnieuwe wasmachines, Zepie!’ had hij geroepen, met tranen in zijn ogen.
Fonkelnieuw. Zepie hield van dat woord.
Alle oude wasmachines gingen weg. Op die ene na dan.
Die hele grote aan het eind van de rij.
Met die ouderwetse regelknop met vier cijfers eromheen.
En dat geruite kleedje erbovenop.
En de ronde gele sticker met DEFECT.
Die wasmachine mocht niet weg, nooit.
Maar Zepie wist niet waarom.
‘Daar kom je vanzelf een keer achter,’ had zijn vader gezegd.

Zepie wurmde zich los.
De strijkbout pufte weer wat stoomwolken uit.
'Als het rustig is, gaan we iets leuks doen, oké?'
Zepie knikte. Maar hij wist wel beter.
Zijn vader had het nooit rustig. En zonder oma al helemaal niet meer.
Zepie smeerde een broodje, gaf zijn vader een kus en liep de trap af.
Om buiten te komen moest hij door de wasserette lopen.
Beneden zat Klara, boven op een fonkelnieuwe wasmachine.
Klara woonde op een piepklein studentenkamertje naast de wasserette.
Ze kwam heel vaak gratis koffiedrinken.
En heel soms deed ze haar was.
'Hé, Zepie!
Mijn verwarming is stuk.

Denk je dat ik vandaag hier mag studeren van je vader?'
Ze wees naar een stapel boeken op haar schoot.
'Vast wel,' lachte Zepie.

Klara had altijd een andere smoes.
Maar hij vond het gezellig als ze er was.
'Heb je al vakantie?' vroeg Klara.
'Vanmiddag.'
'Gaan jullie wat leuks doen?'
Zepie haalde zijn schouders op. 'Niet echt.'

Biotex zat zoals altijd op het krukje.
Hij aaide de kat over haar kop.
'Jij hebt ook een saai leven, net als ik.'
Het leek net of Biotex glimlachte, maar dat was vast verbeelding.
Zepie opende de deur naar buiten. 'Doei Klara!'
'Veel plezier op school, Zepie!'

3

Veel plezier op school.
Nou, dat viel wel tegen.
Het was de laatste dag voor de vakantie.
Ze waren vandaag om half twee al uit.
Maar dat duurde toch nog erg lang.
Zepie had na schooltijd met zijn vrienden
afgesproken op het veldje.
Lekker de hele middag voetballen!
Daar had hij pas echt zin in.
Maar toen de school eindelijk uitging,
kwam Milou ertussen.

Meisjes zouden verboden moeten worden, vond Zepie.
Milou als eerste.

Hij had al een tijdje last van haar.
Ze bezorgde hem wiebelbenen en een kriebelbuik.
En blubberhersens, dat was nog het ergste.
Hij had heus wel gemerkt dat ze steeds vaker bij het veldje kwam kijken.
Hij deed dan altijd alsof hij haar niet zag.
En nu stond ze ineens vlak voor zijn neus.
Hij zag haar heel erg goed.

Bruine krullen, blauwe ogen, kuiltjes in haar wangen.

'Hoi Zepie, ik wil je wat vragen,' zei ze.

Ja hoor, daar had je het al.

Verkering natuurlijk.

'Sorry, geen tijd!' riep hij.

Hij rende weg, voor zover dat lukte op zijn wiebelbenen.

‘Zepie, wacht!’ riep Milou.
Ze kwam achter hem aan.

Ze kon behoorlijk hard rennen.
Verkering! Hij moest er niet aan denken.
Zijn vrienden zouden hem uitlachen.
Zijn vader zou hem uithoren.
Ze zou hem misschien wel willen zoenen.
Bah!
Ook al was ze nog zo knap.
En grappig.
En kon ze niet behoorlijk hard,
maar lóéihard rennen.
En straks maakte ze de verkering
weer uit.
Zo zijn meisjes.
Nee, hij wilde er niks mee te maken
hebben.

Hij zigzagde door de straatjes waar hij
heel goed de weg wist.

Milou raakte daardoor een beetje
achter.

Gelukkig, daar was de wasserette al.
Hij zou de deur naar boven op slot doen, wachten tot ze weg was en dan naar het veldje.
Zepie stormde naar binnen, het belletje tingelde boos.
De grote klok aan de muur gaf tien voor twee aan.
Klara zat nog steeds te studeren boven op een fonkelnieuwe wasmachine.
Ze blies een grote roze kauwgombel.

'Hé Zepie, zit er soms een spook achter je aan?' vroeg ze.
Klara kon bellenblazen en praten tegelijk.

Zepie had geen tijd om zich erover te verbazen, want Milou kwam in de verte alweer aanrennen.
Toen viel zijn blik op de oude wasmachine.
Het was even alsof hij hem voor het allereerst zag.
Of nu pas echt goed, of zo.
Het leek of de wasmachine hem lokte.
Het ronde deurtje stond zelfs open.
Vroeger, als Zepie niet kon slapen, legde zijn vader hem er wel eens in.
Dan liet hij de wastrommel heen en weer schommelen en zong een liedje.
Net zo lang tot Zepie sliep.
Zepie had wel eens gevraagd of het deurtje dicht mocht.
Lekker spannend.
Maar dan keek zijn vader heel serieus en zei: 'Zepie, doe nooit, maar dan ook nooit het deurtje dicht als je erin zit.'

'Waarom niet?' vroeg Zepie dan.
'Omdat ik het zeg.'
En dat is het stomste antwoord dat ouders kunnen geven.
Maar Zepie had zich er wel aan gehouden.
Tot nu.

4

Zepie dacht er niet echt over na.
Hij dééd het gewoon: hij klom in de wasmachine.
Het was wel een beetje krap, maar het lukte.
Hij zat in de trommel!
Opgekruld als de vulling van een tortellini.
Aan de binnenkant van het deurtje zat een hendel.
Dat was gek, zoiets hoorde aan de buitenkant te zitten, toch?
Net of het de bedoeling was dat je hem van binnenuit dicht zou trekken.
Het belletje van de wasserette tingelde luid.
'Zepie!' riep Milou.
Hij zag haar benen
door het ronde ruitje.
Er zat een gat in haar
spijkerbroek.

En ze had gele gympies aan.
Hij trok de hendel naar zich toe.
De wasmachine ging dicht.

KLIK!

Meteen daarna begon het draaien.
Razendsnel ging het.
Al gauw wist Zepie niet meer wat boven en onder was.
'Wooohaaa!' riep hij.
En: 'Hooo!'
Maar niemand hoorde hem.
Hij draaide en draaide en draaide.
Zepie werd helemaal door elkaar geklutst.
Het leek wel een achtbaan!
Net toen hij dacht dat het nooit meer zou ophouden, werd hij uitgespuugd.
Hij hoorde *pffffft* en kletste vervolgens hard op de grond, als een klodder spuug op straat.

'Au!'

'Ahoy!'

Zepie deed zijn ogen open en zag een rat.

Plus nog heel veel vage ratten.

Hij deed zijn ogen dicht en wachtte tot het draaien minder werd.

Na een tijdje deed hij ze weer open.

'Ahoy!'

Hij zag nog steeds een rat, maar nu was het er gelukkig nog maar één.

Hij droeg een zwembroek met strepen erop en slippers.

Op zijn spitse neus stond een veel te grote zonnebril.

De rat bladerde in een boekje. 'Naam?' vroeg hij.

‘Waar ben ik!?’ riep Zepie uit.
Hij probeerde te gaan staan.
Dat ging maar net, want hij was nog steeds duizelig.
De rat stond driftig met een potlood in zijn boekje te schrijven.
‘Waar ben ik?’ vroeg Zepie weer.
‘Ja, ja, ik ben niet doof!’
De rat keek op. ‘Waarbennik, welkom in programma Twee.’
‘Ik heet geen Waarbennik, ik vroeg: waar ben ik,’ zei Zepie.
‘Hè, nu moet ik krassen,’ mopperde de rat.
‘U heet dus geen Waarbennik?’

'Nee, ik heet Zepie.'
'Met een S of een Z?'
'Een Z.' Zepie keek om zich heen.
Hij stond op een soort kade.
Hij zag een muur met een gat, een gat met een deurtje.
En verder zag hij alleen maar zee.
Het knalblauwe water klotste zachtjes tegen de kade.
'Zepie, welkom in programma Twee.'

De rat duwde met zijn pootje
tegen de zonnebril die steeds afzakte.
'U wilt antwoord op uw vraag over de Liefde.'
'Ik heb helemaal geen vraag over de liefde!'
riep Zepie.
'Nee?' De rat fronste zijn voorhoofd.
'Hm. Ik twijfelde al een beetje.
De knop stond niet helemaal duidelijk
afgesteld. Had u Drie willen hebben?'
'Wat is drie?'
'U weet echt nog helemaal niks hè,' zei de rat.
Hij begon een rijtje op te dreunen.
Zo te horen deed hij dat vaker.
'Programma Eén is vragen over het Leven.
Programma Twee is vragen over de Liefde.
Programma Drie is vragen over de Dood.
En tot slot, programma Vier is het
Mixprogramma.
Dat is het beste programma, als je het mij
vraagt.'

'Ik was op de vlucht,' zei Zepie.
'Ik heb niet op het programma gelet.
Ik moet terug. Mijn vrienden wachten op me op het veldje.'
De rat schudde zijn hoofd. 'Wie scheep is, moet varen.'
'Wat?' vroeg Zepie.
De rat zuchtte. 'Er is geen weg terug, alleen heen. U moet eerst het hele programma volgen.'
'Maar dat wil ik helemaal niet!' riep Zepie.
'Tja,' zei de rat.
'Hoe lang duurt dat?'
'Hangt ervan af hoe snel u leert.'
Zepie begon boos te worden.
Wat was dit voor onzin!
Een pratende rat, dat kan helemaal niet.
Was dit allemaal wel echt?
Zepie kneep hard in zijn arm.
'Au!'

De rat glimlachte. 'Waarvoor bent u eigenlijk op de vlucht?' vroeg hij.

'Voor Milou.'

'Milou?'

'Een meisje uit mijn klas.'

De rat grijnsde.

Zijn twee gele tandjes stonden een beetje naar voren.

'Toch programma Twee, dus.

Hangt u uw jas daar maar op.'

Hij wees naar een kapstok naast het gat.

Het was inderdaad erg warm hier.

'Maar...' begon Zepie.

Toen floot de rat op zijn klauwtjes.

Hij kon erg hard fluiten voor een rat.

Meteen daarna kwam in de verte een klein bootje aangezeild.

5

'Ahoy!' klonk het vanaf de boot, die snel dichterbij kwam.
'Ahoy!' antwoordde de rat.
De boot meerde aan.
Er kwam een walrus over het dek aangehobbeld.

Hij droeg een pet met een anker erop.
'Dat is een kleine.'
'Je bent nooit te klein voor programma Twee,' zei de rat.
'Ah, de Liefde,' mompelde de walrus.
'Gedoe.'
Zepie vond de walrus meteen aardig.
'Precies!' riep hij.
'Ik wil helemaal niks met liefde.
Het is per ongeluk.'
'Niet zo kletsen, kleine garnaal,' zei de walrus.
'Het is gedoe, maar je ontkomt er niet aan.
Stap op. Dan gaan we meteen aan de slag.'
Zepie bleef staan.
De rat gaf Zepie een duwtje tegen zijn billen. 'Niet zo treuzelen!'
Zepie aarzelde.
Moest hij nou echt die boot op?
Hij keek nog een keer om naar het gat.

De rat had zijn pootjes over elkaar gevouwen.
Hij schudde langzaam met zijn kop.
Nee, hij kon niet terug.
Met tegenzin liep Zepie over de loopplank naar de boot.
'Het ruime sop!' riep de rat.
Oei, de boot wiebelde vreselijk!
Hoe kon die walrus op zijn staart blijven staan?
'Goede reis, Zepie!'
Die rat had makkelijk praten vanaf de kade.
'Luister, garnaal,' zei de walrus.
'Dit zijn de regels:

1. Je mag niet zitten.

2. Je mag van boord als je stevig kunt staan.'

Zepie snapte er niks van.
Hij liep achter de walrus aan naar het roer.
'En niet kletsen.
Ik hou niet van geklets.'
'Maar, ik...' begon Zepie.
De walrus draaide zich met een ruk om.
'Heb je wiebelbenen, of niet?'
Zepie knikte.
De boot wiebelde als een gek.
'Van de liefde krijg je ook wiebelbenen,' zei de walrus.
'En hier leer je stevig te staan.
We gaan.'

De walrus hees het zeil en pakte het roer.
Hij stond met zijn gladde, grijze rug naar Zepie toe.
En toen begon het te waaien.
Niet een beetje waaien, maar stormwaaien.

De boot schoot vooruit en Zepie viel gelijk op zijn billen.
'Niet zitten!' schreeuwde de walrus.
Had dat beest ogen in zijn rug?

Zepie stond op.
Overal was water: het spatte in zijn gezicht,
het stroomde over het dek.
Hoe kon hij zo dom zijn geweest?
Straks sloeg hij nog overboord!
Waarom had niemand hem gewaarschuwd
voor die wasmachine?
'Papa!' riep hij.
Maar dat hielp natuurlijk niets.
Zijn vader stond gewoon boven te strijken.
Zou hij Zepie missen?
En zou hij snappen dat Zepie in de
wasmachine was gekropen?
Had Klara het gezien?
Daarna dacht hij niets meer, want het ging
nog harder stormen.
Zepie klemde zich vast aan de reling.
De boot ging hard op en neer op de golven.
Het gekke was, hij was niet misselijk.
En hij sloeg niet overboord.

Alleen die benen!
Het leken wel elastiekjes, zo slap en wiebelig waren ze.
De walrus keek kort om. 'Wijd staan!' schreeuwde hij.
Zepie ging wijdbeens staan.
'Voel je voeten!'
Zepie keek naar zijn natte schoenen.
Hij voelde zijn voeten.
'Goed zo, je begint het te snappen!' riep de walrus na een tijdje.
De boot vloog verder over de golven.
Zepie was helemaal doorweekt.
De zee golfde, de boot schommelde, maar Zepie ging steeds steviger staan.
Beetje bij beetje begon hij het zelfs leuk te vinden.
'En nu met losse handen, garnaal!'
De walrus stuurde recht op een hoge golf af.

Een héél hoge golf, zo hoog als een flat!
Zepie liet de reling los en zette zich schrap.
De boot schoot omhoog en dook weer omlaag.
Zepie bleef staan.
'Jiehaa!' riep hij.
Met een daverende klap kwam de boot in rustiger vaarwater terecht.
De walrus knikte tevreden.
'Je hebt je wiebelbenen onder controle.
Tijd voor de volgende stap.'

‘Welke volgende stap?’ vroeg Zepie.
‘Niet zo kletsen, garnaal,’ zei de walrus.
‘Ik hou niet van geklets, dat weet je toch.
Kletsen doe je maar met Markus.’
Ze meerden aan bij een eilandje met twee palmbomen en een hangmat.

Daarin lag een zeeman te slapen.
'Wakker worden, luiwammes!' schreeuwde de walrus.
De zeeman viel met een kreet uit zijn hangmat.
'Ai ai, kapitein, ik schrik me de zeepokken!'
'Je hebt bezoek!' riep de walrus, terwijl hij de loopplank neerliet.
'Programma Twee.'
De zeeman wreef in zijn ogen. 'Oké, kom maar aan land. Dat varkentje zullen we wel even wassen.'
Zepie stapte de loopplank op. 'Dag eh, meneer,' zei hij tegen de walrus.
'Dag garnaal, succes!'

6

Op zijn nieuwe zeebenen liep Zepie naar de zeeman toe.
Het voelde goed, vaste grond onder zijn voeten.
'Ahoy!' De zeeman gaf Zepie een stevige hand.
'Auhoy!' piepte Zepie.
De huid van de zeeman leek wel van leer.
Hij had een miljoen rimpels en hij rook vreemd.

Naar vis, dacht Zepie.
En naar olie en ook een beetje naar zweet.
Maar hij keek vriendelijk.
De zeeman bekeek hem van top tot teen.
Het leek net of hij even met zijn neus in de lucht snuffelde.
'Je ruikt lekker,' zei hij.
'Dat is mooi.
Je moet óf echt lekker ruiken zoals jij,
óf echt stinken, zoals ik.
Niet iets lafjes ertussenin.'
'O,' zei Zepie.
'Trek die natte spullen maar uit,'
zei de zeeman.
Hij droeg zelf ook alleen maar een
zwembroek en een T-shirt.
Zepie trok zijn kleren uit.
Nou ja, alles behalve zijn onderbroek.
Hij ging hier echt niet in zijn nakie
zitten.

Achter de palmbomen stond een houten hutje met een picknicktafel ervoor.
De zeeman liep erheen.
'Kom zitten, dat praat makkelijker.'
Maar Zepie bleef stokstijf staan.
'Biotex!'
Daar zat zijn kat, boven op de tafel.
Ze had een slabbetje om en een vork in haar poot.
Op tafel stond een bordje met vis.

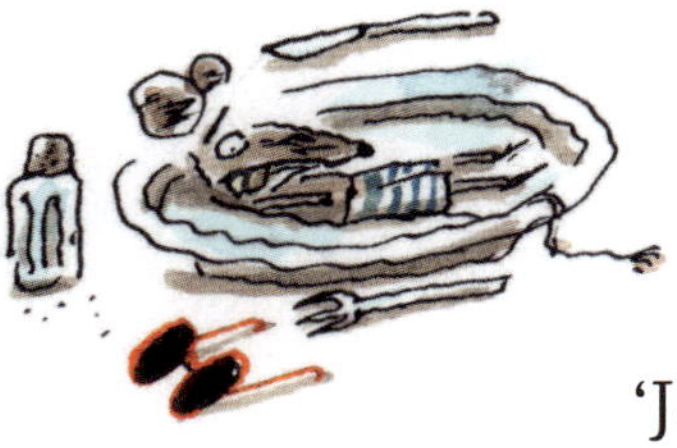

'O, jullie kennen elkaar al,' zei de zeeman.
'Yep,' zei Biotex.
'Je kunt praten!' riep Zepie.
'Jij toch ook?' antwoordde de kat.
Daar had Zepie niet van terug.
'Maar... hoe kom je hier?'
'Op dezelfde manier als jij.
Alleen glip ik altijd snel langs de rat.
Want die mag me niet.

De labbekak is bang dat ik hem opeet.’
Biotex nam een grote hap vis.
‘Terwijl, ik lust geeneens rat,’ zei ze smakkend.
‘Laat staan eentje met kleren aan. Bah! Geef mij maar vis, met een klontje boter erbij.’

Zepie staarde naar zijn kat.
Dat die rat kon praten,
en de walrus, dat was
tot daaraan toe.

Maar zijn eigen kat!
'Kom zitten, vent,' zei de zeeman nog een keer.
'Staren is onbeleefd.'
Zepie ging tegenover de zeeman zitten.
'Biertje?' De zeeman trok een koelbox onder de tafel vandaan.
'Ik ben negen,' zei Zepie.
'Ach, dat is waar ook.'
De zeeman pakte twee blikjes cola.
Met een sissend geluid sprongen ze open.
'Zo. Hoe heet ze?
Of is het een hij?
Ik ben van alle markten thuis.'
De zeeman grijnsde breed.

'Het is een vergissing,' zei Zepie.
'Ik ben hier per ongeluk.
Zeg maar wat ik moet doen, dan kan ik gauw terug.'
De zeeman lachte hartelijk.
'Zo makkelijk kom je niet van me af.'
Zepie staarde nurks voor zich uit.
Die stomme Milou ook.
Het was haar schuld dat hij nu hier zat.
Met een stinkende zeeman en een pratende kat.

En spierwit zand, dat aan zijn voeten kietelde.
De zon scheen, er waaide een kalm briesje.
De palmbladeren ruisten zachtjes op de wind.
In de verte sprong een dolfijn op uit het water.
En daar nog een!
Zepie moest ondanks zichzelf glimlachen.
Dolfijnen! Oké, die had hij ook aan Milou te danken.
Zijn buik voelde ineens weer een beetje kriebelig.
Het sprong vanbinnen op en neer, net als de dolfijnen in de zee.
Hij voelde dat er naar hem werd gekeken.
De zeeman knikte bemoedigend.
Biotex glimlachte. Dat kon ze dus echt.
'Ze heet Milou,' zei Zepie zacht.
De zeeman liet een knetterharde boer.

'Sorry. Hoe?'
'Milou!' riep Zepie.
'Milou. Dat is een mieters mooie naam,' vond de zeeman.
Zepie knikte.
'Ze bezorgt je een kriebelbuik, zie ik.'
Zou hij gedachten kunnen lezen?
'Ja,' zei Zepie. 'Hoe kom ik daarvanaf?'

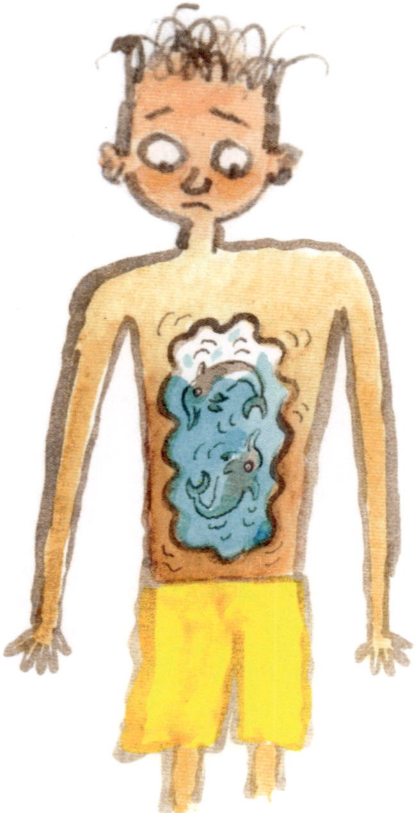

De zeeman boog zich naar hem toe, zijn hoofd in zijn handen.

'Je moet er juist níét vanaf, jongen.

Je moet je kriebelbuik koesteren.

Kriebelbuiken zijn heerlijk.

Je gaat er van hupsen en hollen, ook als je stilstaat.'

Zepie dacht na.

Hij deed zijn ogen dicht.

Het was inderdaad best een lekker gevoel.

Oké, heel lekker.

Die zeeman had gelijk!

Alleen...

'Die buik zorgt dat ik niet weet wat ik moet zeggen,' zei Zepie.

‘Of dat ik domme dingen zeg.
En dat vind ik zo stom.
Ik ben de beste voetballer van de buurt!
Ik zit in het snelrekengroepje.
Ik ken twintig moppen uit mijn hoofd.’
De zeeman sloeg met zijn vlakke hand op tafel.
Biotex sprong van schrik omhoog.
‘Dat is je buik niet!’ riep de zeeman.
‘Niet?’
‘Dat zijn je blubberhersens!’
‘Ja!’ riep Zepie. ‘Hoe kom ik daarvanaf?’

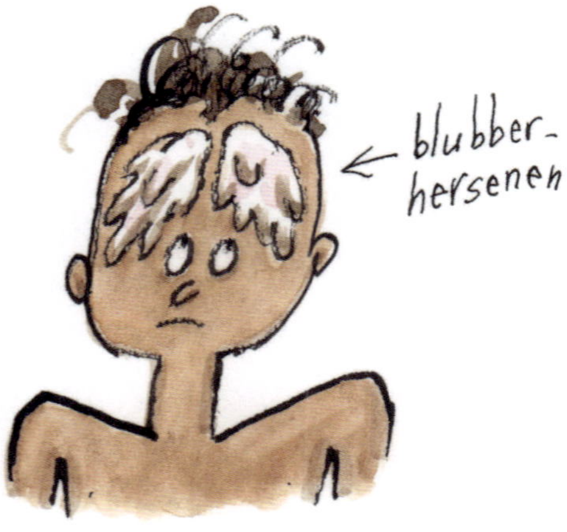

De zeeman gaapte. 'Blubberhersens moet je trainen.'
'Trainen? Hoe dan?'
'Daar ga ik niet over.'
De zeeman liep naar zijn hangmat.
'Vergeet niet, kriebelbuiken zijn wondermooi.
Niet tegen vechten.
Milou is het vast waard.
Succes, jongen.'
Een tel later lag hij weer te snurken in zijn hangmat.

Biotex liet een boertje.
'Oeps, sorry.'
'Heb jij ook wel eens blubberhersens?' vroeg Zepie aan zijn kat.
'Nee zeg, het idee,' antwoordde Biotex.
'Katten hebben altijd alles onder controle.'
'Maar wat moet ik nu doen?' vroeg Zepie.
'Eventjes op mijn kop kriebelen.'

Zepie kriebelde de kat op haar kop.
Ze begon heel hard te spinnen.
'Maar wat moet ik nu doen?' vroeg Zepie weer.
Biotex rekte zich uit en gaapte.
'Gewoon, het programma volgen.'
Ze ging languit op tafel liggen en een halve tel later sliep ze ook.

Gewoon het programma volgen?
Alsof dit allemaal normaal was!
'Aan jullie twee heb ik in ieder geval niks,'
mopperde Zepie.
Hij dronk de laatste slok cola en liet een
boer, want dat mocht hier.
Daarna liep hij naar het water.
Hij dacht aan Milou.
Zijn kriebelbuik kriebelde op volle toeren.
Het leek wel een wasmachine!
Maar het voelde lekker, hupsig en hollerig.
Eén dolfijn kwam steeds dichterbij.
En ineens wist Zepie wat hij moest doen.
'Dolfijn!' riep hij. 'Mag ik mee?'
Hij holde de zee in en klom op de rug van
de dolfijn.
Hij sloeg zijn armen zo stevig mogelijk
om de hals.
'Woohooo!' riep Zepie.

7

Daar ging hij!
In het water, uit het water, hoge sprongen!
'Jiehaa!' schreeuwde Zepie.
Hij had zo wel uren door willen gaan.
Maar ineens zag hij iets geks.
Een rond zwembad, midden in de zee.
Het leek wel of het in brand stond, want er kwam rook vanaf.
Nee, geen rook, stoom.
Het was een bubbelbad!
Aan de buitenkant zat een handig trappetje.
En er klonk gezang uit het bubbelbad.

'Zepie, Zepie
kom maar hier
bubbelen, babbelen
in het wier
Zepie, Zepie...'

Drie prachtige zeemeerminnen kwamen
uit het water.
Ze steunden met hun ellebogen op de rand
van het bad.
En ze zongen, voor hem!
Hij moest erheen.

Zepie liet zich zo van de dolfijnenrug het water in glijden.
Hij zwom naar het bubbelbad en klom over de rand.
Het water was groen.
Er dreven lange slierten zeewier in.
Het leek net snot uit de neus van een reus!
Maar het kon Zepie niks schelen.
Hij wilde bij de zeemeerminnen zijn.
'Daar ben je eindelijk,' zongen ze.
Ze aaiden hem over zijn hoofd.
Hun staarten zwierden zachtjes heen en weer.
'Fijn is het hier, hè?'
Zepie glimlachte suffig.
Het water was dan misschien groen, maar het was ook heerlijk warm.
En die meerminnen!
Hij staarde heel onbeleefd naar ze. Hij kon niet anders.

Ze leken een beetje op Milou, of eigenlijk heel erg.
Met bruine krullen, blauwe ogen en kuiltjes in hun wangen.

‘Hoi Zepie,’ zongen ze.
‘Bubbelzeep,’ zei Zepie.
‘We zullen goed voor je zorgen, hoor,’ beloofden ze.
‘Bubbelzeep en bladderpoep.’
‘Ach, jongetje toch,’ zeiden de zeemeerminnen liefjes.
‘Bladderpoep en buffelkots!’ riep Zepie wanhopig.
‘Hihihi,’ giechelden de zeemeerminnen.
Ze zweefden om hem heen.
Ze wierden door zijn haar.
Ze woelden langs zijn benen.
‘Bubbelen en babbelen
in het wier
Zepie, Zepie
jij blijft hier...’

Zepie luisterde naar het gezang en zonk weg in een soort slaap.

Hij deinde op de bubbels.
Hij dacht niet meer na.
Het was heerlijk.
'Voor al-tijd, voor al-tijd,' zongen de zeemeerminnen.
Zepie opende met moeite zijn ogen.
Voor altijd, voor altijd.
Wilde hij dat?
Hij knipperde met zijn ogen.
Hij dacht aan thuis.
Hij zag zijn vader boven strijken.
Hij zag Klara zitten boven op een fonkelnieuwe wasmachine.
Het beeld was wazig.
'Papa,' murmelde hij.
'Klara.'
'Bubbelen en babbelen...' zongen de zeemeerminnen steeds harder.
'Jij blijft hier...'
'Buffelblob!' riep Zepie.

'Blubberbil!' Hij klauwde in het zeewier.
Het was glibberig, glad spul.
Hij kwam hier nooit meer weg!
Plotseling vloog er iets door de lucht...

'BÓMMETJE!'

…en landde midden in het bubbelbad.
'Zo, nu is het wel genoeg geweest!'
Zepie was in één keer wakker.
'Biotex!'
'Daar heb je die brutale kat weer,'
mopperde een zeemeermin.
'Dat stomme beest verpest alles,' zei de tweede.
De derde stak haar tong uit.
Biotex blies naar de zeemeerminnen.
'Mond dicht of ik neem een hap uit jullie vissenstaart!'
Zepie krabbelde gauw naar de rand van het bubbelbad.
'Zeewier in je oren, Zepie!' riep Biotex.
Zepie greep een prop van het glibberige spul en stopte het in zijn oren.
De zeemeerminnen trokken aan zijn benen.
Maar Zepie zette door.
Hij wilde weg!

Hijgend klom hij op de rand van het bad.
Biotex kwam naast hem zitten.
De kat schudde zich uit alsof ze een hond was.
'Dank je wel,' zei Zepie.
'Graag gedaan.' Biotex gaf hem een kopje.
'Maar nu moet je het weer zelf doen, hoor!'
De kat ging op haar achterpoten staan.
Ze stak haar voorpoten langs haar oren omhoog.
'Ja maar, wacht!' riep Zepie.
'Tot later!'
Biotex nam een duik.

Verbaasd keek Zepie haar na.
‘Ik dacht dat katten niet van water hielden,’ mompelde hij.
Toen voelde hij iets langs zijn rug aaien.
Daar waren ze weer!
De drie zeemeerminnen keken heel verdrietig.

‘Gaat ons jongetje weg?’
‘Ze gaan altijd weg.’
‘Wat deden jullie met me?’ vroeg Zepie boos.
Hij trok een pluk zeewier uit zijn linkeroor.
Rechts liet hij het voor de zekerheid zitten.
‘Je deed het zél-luf,’ zongen de zeemeerminnen in koor.

‘Het waren mijn hersens,’ begreep Zepie. ‘Blubberhersens.’
‘Dat hoort erbij,’ antwoordden de zeemeerminnen.
‘Waarbij?’ vroeg Zepie.
‘Bij de liefde, gekkie.’
Zepie werd een beetje rood.
‘Heb ik domme dingen gezegd?’
De zeemeerminnen giechelden. ‘Best wel.’
‘Hoe komt het dat ik nu weer normaal ben?’
‘Er is altijd een helder plekje te vinden,’ zei de ene zeemeermin.
‘Ook als je geen hulp krijgt van een brutale kat,’ zei de tweede.
‘Vertrouw op jezelf,’ zei de eerste weer.
‘Meisjes, zullen we deze anders echt voor altijd houden?’ vroeg de derde. ‘Aaaah?’
De drie meerminnen begonnen te zingen.

‘Bubbelen en babbelen
in het wier...
Zepie, Zepie
jij bl...’

‘LALALALALA!’ schreeuwde Zepie. Hij ging staan, strekte zijn handen boven zijn hoofd en dook met een sierlijke boog het water in.

8

Zepie bleef onder water zwemmen
Zo ver mogelijk bij de zeemeerminnen vandaan.
Pas toen hij echt geen adem meer had, kwam hij boven.
Watertrappelend keek hij om zich heen.
Hij zag niets en niemand, alleen maar zee.
Waar was de walrus met zijn boot?
Het eiland van de zeeman?
De rat?
Biotex?
Het bubbelbad met de zeemeerminnen was ook verdwenen.
Maar dat vond hij niet erg.
Het water rook lekker, naar een frisse zomerdag.
Naar thuis.
Ineens wilde Zepie heel graag naar huis.

Hij tuurde in de verte.
Kwam daar iemand aan?
Ja!
'Ahoy!' Zepie zwaaide met zijn beide armen.
'Ahoy!'
Het was de rat.
Hij stond op een surfplank zonder zeil.
Met een peddel die tien keer zo groot was als hijzelf.

Hij kon erg goed peddelen voor een rat.
'Klim maar achterop!' zei hij.
Zepie klom op de plank.
'Even zo blijven zitten.'
De rat rekte zich uit en trok een stukje zeewier uit Zepies rechteroor.
'Nu mag u gaan staan, jongeman.

Of mag ik inmiddels je zeggen?'
Zepie knikte, hoewel hij dat ge-u eigenlijk wel leuk vond.
De rat bekeek hem van top tot teen.
De plank wiebelde een beetje, maar dat kon Zepie goed hebben.
Het dier humde goedkeurend.
'Je staat stevig op je benen.
Hoe is het met je buik?'
'Lekker hupsig en hollerig,' zei Zepie. 'Ook als ik stilsta.'
'En je blubberhersens?'
'Helemaal onder controle,' antwoordde Zepie trots. 'Er is altijd ergens een helder plekje te vinden.'
'Je leert snel.' De rat streek nadenkend over zijn snorharen.
'Je zou bijna denken dat je hulp hebt gehad.'

‘Ja,’ zei Zepie. ‘Van de walrus, en van Markus.’
‘Hm,’ zei de rat.
‘Die kat zwerft hier weer rond, ik voel het aan mijn water.’
Hij keek een beetje angstig om zich heen.
‘Katten lusten geen rat,’ zei Zepie.
‘Niet?’
‘Vooral niet als ze kleren aan hebben.’
‘O.’ De rat aarzelde. ‘Echt?’
‘Erewoord,’ zei Zepie. ‘Mag ik nu alsjeblieft terug? Mijn vrienden weten niet waar ik blijf.
En... Milou staat op me te wachten.’
Bij die woorden voelde hij zijn kriebelbuik.
Lekker hupsig en hollerig.
En ineens een steek.
‘Ach nee, ze is vast al weg,’ zei Zepie.

De rat grijnsde zijn twee gele voortandjes bloot.
'Natuurlijk is ze er nog. Dat staat als een paal boven water.'
Zepie fronste zijn wenkbrauwen.
'Je hebt hier zeeën van tijd, Zepie.
Want er is hier geen tijd.'
'Hoe bedoel je, er is hier geen tijd?'
'Zie jij ergens een klok?'
'Nee.'

‘Nou dan.’
Ze dobberden een tijdje zwijgend verder, tot Zepie de kade zag.
‘We zijn er!’ riep hij blij.
De surfplank bonkte tegen de rand.
Zepie sprong op de kade terwijl de rat de plank vastbond aan het trappetje.
Zou de rat gelijk hebben?
Stond Milou nog gewoon in de wasserette?

9

Hij rende naar het gat, maar de rat hield hem tegen.
'Weet je?' zei hij, terwijl hij Zepie de weg versperde.
'Ik heb eigenlijk een hekel aan programma Eén tot en met Drie.'
'Hoezo?' vroeg Zepie.
'Alles heeft altijd met alles te maken,' zei de rat.
'O.' Zepie keek verlangend naar het gat.
'Kijk me aan.' De rat deed zijn zonnebril af.
'De knop was niet helemaal duidelijk afgesteld.

Dat was vast niet voor niets.
Ik zie gemis in je ogen. Heb ik gelijk?'
Zepie slikte.
'Programma Drie. Vragen over de Dood.'
'Maar, ik heb helemaal geen...' begon Zepie.
'Een klein stukje maar. Zodat je weet wat er te halen valt.'
De rat pakte Zepie bij zijn hand en trok hem mee naar de waterkant.
Hij was verrassend sterk voor een rat.
'Zie je dat huisje daar?'
Zepie tuurde over het water.
Heel in de verte stond er inderdaad een huisje.
Het stond op hoge houten palen.
'Daar moet je zijn,' zei de rat. 'Sjaan brengt je wel.'
'Sjaan?'
Toen zag Zepie haar.

Een enorme witte zwaan zwom langs de kade. Ze knikte vriendelijk naar Zepie.
'Toe maar,' moedigde de rat hem aan.
'Klim maar op haar rug.'
De zwaan draaide zich om zodat Zepie op haar rug kon klimmen.
Zepie wilde eigenlijk terug, maar hij was ook nieuwsgierig geworden.

Een klein stukje maar, had de rat gezegd.
Voorzichtig ging Zepie op de zwanenrug zitten.
Met twee handen hield hij de lange witte hals vast.
'Behouden vaart!' riep de rat.
Daar gingen ze. Als een slee op de sneeuw gleed de zwaan over het water.
Zepie vond het heerlijk, hij werd er helemaal rustig van.
Maar al snel minderde Sjaan vaart.
Kalmpjes dobberde ze naar het huis op stelten.

Zepie keek omhoog.
De veranda hing vol met bloemen en planten, het leek wel een jungle.
Hij kon niet zien of er iemand thuis was.

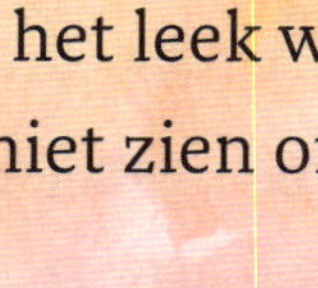

Er hing wel een touwladder naar beneden.
Sjaan zwom er heel dicht langs, zodat
Zepie hem kon pakken.
'Dank je wel, Sjaan.'
Zepie klom langs de wiebelende ladder
omhoog.
Toen hij boven was, klauterde hij overeind
en...

'OMA!' schreeuwde Zepie.

'Zacharias, mijn lieve jongen!'
Daar zat ze, in een rieten stoel.
Precies zo eentje als ze thuis had, vol met kussens.
Biotex lag op haar schoot te slapen, net als vroeger.
Oma spreidde haar armen.
'Kom hier jongen, geef me een bankschroef.'
De bankschroef was een extra stevige omaknuffel.
'Hé, jullie pletten me!' riep Biotex.
'Nu mag ik op schoot.' Zepie gaf Biotex een zetje.
Beledigd ging Biotex zich een eindje verderop zitten wassen.
Zepie klom bij oma op schoot.
'Hoe kan dit?' vroeg hij.

Hij snoof haar vertrouwde geur op.
Oma rook naar versgemaaid gras.
'Ssst,' zei oma.

De zon scheen, er waaide een lekker briesje. Het water maakte een zacht kabbelend geluid.
'Ik mis je zo,' zei Zepie.
Oma woelde met haar vingers door zijn krullen.
'Maar jullie hebben wel nieuwe wasmachines.'
'Ja,' zei Zepie. 'Fonkelnieuw.'
Oma glimlachte.
'Missen doet zeer,' fluisterde Zepie.
'Dat weet ik. Hoe groter de liefde, hoe zeerder het missen,' zei oma.
Zepie zuchtte.
'Maar stel je eens voor dat ik een saaie oma was geweest. Eentje die je niet goed kende. Die geen spelletjes met je deed, en die je geen verhalen vertelde.'
Zepie keek zijn oma aan.
'En bij wie je niet ging logeren.

Die geen verstoppertje wilde doen
en die nooit rare liedjes zong
met gekke dansjes erbij.'

Zepie glimlachte bij de herinnering.
'Zou het dan minder pijn doen, denk je?'
Zepie knikte. 'Veel minder.'
Oma humde zachtjes voor zich uit en Zepie dacht na.
'Maar ik had het niet willen missen,' zei hij na een tijdje.
'Ik ook niet,' zei oma. 'Voor geen goud.'
'Oma?' vroeg Zepie na een tijdje.
'Ja?'
'Waarom heeft niemand mij dit verteld?'
'Wat?'
'Van de oude wasmachine en... nou... dít.'
Zepie wees op alles om hen heen.
'Ieder ontdekt het op zijn eigen tijd.'
Zepie was even stil.
'Weet papa dat ik hier ben?'
'Nee, want er is hier geen tijd.
Maar als je hem ziet, zeg dan "ahoy", dan weet hij genoeg.'

Toen zette oma Zepie op zijn benen naast de stoel en stond op.

‘Opgestaan, plaats vergaan!’ Biotex sprong meteen terug op de stoel.

Oma liep naar de reling van de veranda.

Zepie kwam heel dicht naast haar staan.

‘Jij gaat de wijde wereld in, Zacharias,’ zei oma.

‘En ik reis met je mee, hier.’

Ze legde haar platte hand op de plek van zijn hart.

Het voelde warm, als een gloeiend kooltje.

‘Niet bang zijn, Zacharias, dat is zonde van je tijd.’

10

Zepie staarde naar de plek waar zijn oma een seconde daarvoor nog had gestaan.
Zijn hart gloeide nog steeds.
Hij slikte een paar keer en liep naar de ladder.
'Ga je mee, Biotex?' vroeg hij.
'Ik kom zo, ik ben nog niet klaar met wassen.'
Zepie keek verbaasd naar zijn kat.
'Hoe schoon wil je worden?'
Biotex glimlachte.
'Ik glip er zo wel langs.
Toe maar, anders mis je de boot.'
Zepie keek naar beneden.
Sjaan was weg, maar er dobberde een houten bootje op het water.
'Oké, tot straks dan.'

Zepie klom naar beneden en stapte erin.
Het schommelde vreselijk, maar hij stond
stevig op zijn zeebenen.

Zepie pakte de peddel en stak hem in het water.
Het huisje op palen verdween uit het zicht.
Al gauw was er niets dan water om hem heen.
Waar zou de walrus uithangen?
Waar was het eiland van de zeeman?
Ook de dolfijnen waren nergens te bekennen.
Aan de zeemeerminnen probeerde hij niet te denken.
'Ahoy!' riep Zepie. 'Rat?'
Maar zelfs de rat was er niet.
Zepie was helemaal alleen.
Helemaal alleen op de grote blauwe zee.
Hij wist niet wat hij moest doen.
En er was helemaal niemand aan wie hij iets kon vragen.
Maar het gekke was...
Hij voelde zich goed!

Hij voelde zich sterk.
Hij was niet bang.
'Ik kom eraan, Milou!' riep hij, terwijl hij de peddel in het water stak.
Links, rechts, links, rechts.
Hij zou wel zien waar hij uitkwam.
Hij peddelde zo hard dat hij over het water vloog.
Net als de boot van de walrus, maar dan zonder zeil.
En toen doemde in de verte de kade op.
De rat stond er ook en zwaaide naar hem.

'Ahoy!' riep de rat.
'Ahoy!' antwoordde Zepie.
Zepie botste tegen de kade en hees zichzelf omhoog.
'Ik heb mijn oma gezien!'
De rat glimlachte zijn gele tandjes bloot.
'Weet ik.'
'Hoe kan dat?' vroeg Zepie.
'Je ziet wie je nodig hebt,' antwoordde de rat.
'O,' zei Zepie.
Hij keek naar het gat in de muur.
'Nu ga ik echt naar huis.'
'Ik heb nog één laatste advies, jongeman,' zei de rat.
Nee! dacht Zepie. Wat nu weer?
'Ik zou niet in je onderbroek teruggaan.'
Met een grijns gaf de rat hem een stapeltje kleren.
Zepies eigen kleren.

Keurig gewassen en gestreken.
Zelfs zijn schoenen waren schoon.

'Leuke sokken,' zei de rat.
'Dank je wel,' zei Zepie. 'Voor alles.'
Hij trok gauw zijn kleren aan en pakte zijn jas van de kapstok.

De rat maakte een kleine buiging. 'Vaar wel, Zepie met een Z.

En als je me nog eens nodig hebt: je weet me nu te vinden.'
Zepie klom in het gat en krulde zich op.
De rat pakte het deurtje en deed het langzaam dicht.
'Programma Eén is vragen over het Leven.
Twee is vragen over de Liefde.
Drie is... Aaah, rotkat!'
De rat smeet het deurtje dicht.

KLIK!

11

Meteen begon het draaien weer.
'Wooohaaa!!' riep Zepie.
'Jiehaa!' riep Biotex.
Zepie en Biotex werden weer helemaal door elkaar geklutst.
Het leek of er geen einde aan zou komen.

Ik hoef echt nooit meer in de achtbaan, dacht Zepie.
Langzaam werd het draaien minder, steeds minder.
Zepie keek door het ruitje naar buiten.
De benen van Milou.
Blauwe spijkerbroek met een gat.
Gele gympies.
Ze was er nog!
Uiteindelijk hield de trommel stil.

KLIK!

De wasmachine sprong open.
Biotex glipte er meteen uit.
Zepie haalde eerst diep adem voor hij naar buiten klom.
Daar stond ze.
Bruine krullen, blauwe ogen, kuiltjes in haar wangen.
Ze stond een beetje te hijgen van het harde rennen.
Het was volgens de klok nog steeds tien voor twee.
De kauwgombal van Klara knapte kapot.
Zepies vader liep de wasserette in.
'Hé Zepie, nu al thuis!
Ga je niet voetballen vanmiddag?'
Hij had een vel papier in zijn hand.
Zepie hield zijn hoofd schuin om te lezen wat erop stond.

‘Dan heb ik wat vaker tijd voor jou.’

Zepie kreeg het lekker warm.

‘Ahoy,’ zei hij zachtjes.

‘Ahóy!’ antwoordde zijn vader met een heel grote verbaasde glimlach.

Op dat moment zag hij Milou.

‘O hallo. Wie ben jij?’

‘Milou,’ zei Milou.

Dat is een mieters mooie naam, dacht Zepie.

Zijn vader liep naar het raam en hing de advertentie op.

Klara sprong van de fonkelnieuwe wasmachine.
'Haal maar weer weg! Hier ben ik!' riep ze.

Zepie keek naar Milou.
Hij voelde zijn benen een beetje wiebelen.
Gauw dacht hij aan de walrus.
Hij zette zijn voeten stevig neer, een stukje uit elkaar.
De kriebels in zijn buik liet hij hun gang gaan.
Lekker hupsig en hollerig.
Zijn hersens waren zo helder als een pas gepoetste diamant.
En hij was niet bang.
Hij was er klaar voor.
'Jij wilde toch wat vragen?'
'Ja,' zei Milou.
'Mag ik meedoen met voetballen?'

Leesplezier groeit terwijl je leest of voorgelezen wordt. Wetenschappelijk onderzoek wijst uit dat kinderen het gelukkigst leren lezen als ze willen lezen. Ook Stichting Lezen (Nederland) en Iedereen Leest (Vlaanderen) onderschrijven deze visie. Daarom is de serie Tijgerlezen door uitgeverij Querido ontwikkeld voor beginnende lezers.

De boeken in de serie voldoen aan de belangrijkste criteria van kinderen:

- Ze zijn spannend of grappig.
- Ze hebben veel illustraties.

De moeilijkheidsgraad van de boeken verschilt. De boeken zijn niet ingedeeld volgens technische leesniveaus, maar kinderen kiezen zelf het boek waar ze aan toe zijn. De boeken zijn geschikt om voor te lezen én om zelf te lezen.

Tijgerlezen is gelukkig (leren) lezen.

Vond je dit boek leuk? Lees dan ook deze boeken: